Inhalt

Energietechnik - Trotz Pannen gibt es viel zu verdienen

Kernthesen

Beitrag

Fallbeispiele

Zahlen und Fakten

Weiterführende Literatur

Impressum

Energietechnik - Trotz Pannen gibt es viel zu verdienen

Anja Schneider

Kernthesen

- Deutsche Energietechnik ist gefragt, auch wenn in den letzten Monaten viel Negatives zu lesen war über den Niedergang des deutschen Solarzellenindustrie, immer neue Probleme beim Bau der gigantischen Offshore Windparks, die Unruhen bei Siemens.
- Das Marktsegment Energietechnik als Teil der deutschen Elektroindustrie verzeichnete 2012 allerdings einen leichten Umsatzrückgang.
- Weltweit sind jedes Jahr Investitionen von rund einer Billion Euro im Energiebereich

nötig, um den steigenden Strombedarf zu decken und effizienter zu werden.

Beitrag

Deutsche Energietechnik stark, aber mit Umsatzeinbuße

In der Entwicklung der Energietechnik sind Europa und ganz speziell Deutschland in einer weltweiten Vorreiterrolle. Die Energiewende Deutschlands wird im Ausland genau beobachtet, soll als Blaupause dienen. Dies nimmt beispielsweise auch der US-amerikanische Technologiekonzern 3M so wahr. In der Tat schreitet die Umstellung der deutschen Energieversorgung auf regenerative Energien fort. Nach Angaben der Agentur für Erneuerbare Energien, Berlin, decken die erneuerbaren Energien mittlerweile 23 Prozent des Strom- und zehn Prozent des Wärmeverbrauchs. Bis spätestens zum Jahr 2020 soll ihr Anteil am Stromverbrauch auf mindestens 35 Prozent, an der Wärmeversorgung 14 Prozent betragen. (1)
Bis das Werk vollendet ist, werden noch einige Jahre vergehen und noch einige Themen zu lösen sein. Auf dem Energiegipfel im Bundeskanzleramt im März

2013 wurden von den Akteuren aus Politik, Wirtschaft, Gewerkschaften und Umweltschützern folgende vier Schwerpunktthemen in der Energiewende definiert: Netze und Netzausbau, konventionelle Kraftwerke, erneuerbare Energien und Energieeffizienz. (2)
Die Elektroindustrie stellt die Technik für den Um- und Ausbau der Energiesysteme zur Verfügung. Das Marktsegment Energietechnik rangiert in der deutschen Elektroindustrie mit einem Umsatzanteil von 7,7 Prozent an dritter Stelle hinter den Segmenten Automation mit knapp 30 Prozent und Bauelemente mit gut zehn Prozent. Im vergangenen Jahr steigerte sich der Umsatz im Vergleich zum Vorjahr allerdings nicht mehr; die Energietechnik verzeichnete einen Umsatzrückgang von minus 4,1 Prozent (zum Vergleich: plus 13,8 Prozent 2010/2011). Die Zahl der Beschäftigten ging leicht zurück auf 6 184 Mitarbeiter. Einigermaßen stabil zeigte sich der Export; er legt um immerhin 3,6 Prozent zu auf 14 Milliarden Euro. (3), [Abb. 1]

Fossile Energieerzeugung: Investitionszurückhaltung beim Kraftwerksneubau

Mit Fortschreiten der Energiewende muss ein

geschicktes Zusammenwirken fossiler Kraftwerke und regenerativer Stromerzeuger designt und umgesetzt sein. Nur dann wird Energie zuverlässig zur Verfügung stehen. Die Energiewende bringt den Ausbau der dezentralen Erzeugungskapazitäten auf der Basis erneuerbarer Energien (vor allem Photovoltaikanlagen und Onshore-Windanlagen) mit sich. Die Kraft-Wärme-Kopplung wird zulegen müssen, nicht zuletzt um die Versorgungssicherheit zu gewährleisten. Die Energieerzeugung wird verbrauchernah. Konventionelle Kraftwerke (Gas, Kohle, Dampf) sollen im künftigen Zeitalter der regenerativ erzeugten Energie einspringen, wenn die mittels Wind und Sonne erzeugte oder gespeicherte Energiemenge nicht ausreicht. Stromlieferungen aus erneuerbaren Energien lassen sich nicht ganz genau vorhersagen. Die Anforderungen an die Energietechnik ändern sich entsprechend. Die heutigen Großkraftwerke sind ungeeignet. Die fossile Erzeugung von Strom und Wärme muss effizienter, flexibler, jederzeit verfügbar und umweltfreundlicher sein. In Frage kommen Gaskraftwerke oder Kohleanlagen mit optimierten Brennern und modifizierten Dampferzeugern. Fortschritte gibt es. So erzielen superkritische Kohlekraftwerke heute einen Wirkungsgrad von 47 Prozent, Gas-und-Dampf-(GuD)-Kraftwerke sogar über 60 Prozent. Allerdings sind sie teuer. In Deutschland liegen die Pläne für den Kraftwerksneubau nach 2016 weitgehend brach, die Investoren halten sich zurück, da die Rentabilität schwer abschätzbar ist. (4), (5)

Regenerative Energieerzeugung: Innovationen und Geduld gefragt

Die regenerative Erzeugung von Strom und Wärme darf kostenmäßig nicht aus dem Ruder laufen. In der Erzeugung von Solarzellen und -modulen können die deutschen Hersteller preislich mit der asiatischen Konkurrenz nicht mithalten; viele mussten Insolvenz anmelden. Deutsche Hersteller von Produktionsmaschinen für Photovoltaikzellen und -module hingegen spielen ebenso wie deutsche Wechselrichterhersteller international in der Oberliga und haben längst jenseits Chinas andere Absatzmärkte für ihre Technik im Visier. Deutsche Wissenschaftler arbeiten intensiv an der Weiterentwicklung der Solartechnik. Es geht beispielsweise darum, die Produktion zu vereinfachen, die Produktionskosten zu senken, den Wirkungsgrad der Module zu erhöhen, Alternativen für die gängigen Silizium-Solarzellen zu finden - mit dem Ziel, den Strom günstiger zu erzeugen als heute (ein Beispiel: Kohlenstoffzellen).
Windturbinen machen ebenso technische Fortschritte wie Gas- oder Dampfturbinen. Eine 6-Megawatt-Windturbine ist heute nicht mehr größer als eine

frühere Version mit nur 3,6 MW. Die Industrialisierung der Offshore-Windkraft geht voran, auch wenn nicht so schnell wie erwartet. Das Aufstellen robuster Windturbinen idealerweise mit Rotorblättern ohne Naht- und Klebestellen auf hoher See in tiefem Wasser, die mechanische und elektrische Ausrüstung für Umspannstationen auf See, die Verlegung von Hochspannungsseekabeln und die Anbindung an das Stromnetz an Land stellt hohe Anforderungen an die Energietechnik, an die Montageprozesse, Inbetriebnahme, Wartung sowie an die Ingenieure und Wind-Servicetechniker. (5)

Energienetze: Nur schleppend geht es voran

Ein intelligentes Stromnetz, Smart Grid, soll in Zukunft alle relevanten Akteure auf dem Strommarkt in ein Gesamtsystem integrieren, in dem Erzeugung, Speicherung, Netzmanagement und Verbrauch zusammenspielen. Noch gilt der weiterhin schleppende Ausbau der Netzinfrastruktur als kritischer Punkt; ohne sie kann der zunehmend dezentral und regenerativ erzeugte Strom nicht zum Verbraucher gelangen. Nach wie vor beklagen die Netzbetreiber die langen Genehmigungsverfahren (vor allem bei Hochspannungstrassen), finanziellen Schwierigkeiten und die mangelnde Akzeptanz der

Bevölkerung beim Netzausbau in Europa. Noch müssen Wind- und Solarkraftwerke an sehr windigen beziehungsweise sehr sonnigen Tagen häufiger gedrosselt werden, die Betreiber erhalten dafür eine Entschädigung, das Potenzial der regenerativen Stromerzeugung wird nicht ausgeschöpft. Dass die Crux in der Netzanbindung liegen kann, zeigt aktuell der Nordsee-Windpark "Riffgat", dessen 30 Windenergieanlagen zwar im Wasser stehen, aber keinen Strom liefern, weil der Netzbetreiber Tennet den Windpark erst im kommenden Jahr anschließen kann. (6), (7)

Technisch gesehen geht es um Wechselstromtechnik, Gleichstromtechnik, Hochspannungs-Gleichstrom-Übertragungs-Verbindungen (HGÜ) und sämtliche dafür erforderlichen Bauteile. Als Zukunftstechnik gelten miteinander vernetzte Wechsel- und Gleichstromnetze. Die vier Übertragungsnetzbetreiber 50Hertz Transmission, Amprion, TenneT TSO sowie TransnetBW wollen die ersten drei HGÜ-Verbindungen bauen, um Windstrom aus Norddeutschland in die Verbrauchszentren Süddeutschlands zu übertragen. (8)

Die vier deutschen Übertragungsnetzbetreiber 50Hertz, Amprion, TenneT und TransnetBW haben 2012 erstmals einen Netzentwicklungsplan erstellt, um den Ausbaubedarf der Stromnetze bis 2022 zu ermitteln: rund 3 800 Kilometer neue Stromtrasse, rund 4 000 Kilometer Aufrüstung vorhandener, hieß es. Dieser Plan wird jährlich auf den neuesten Stand gebracht. Am 17. Juli haben sie fristgerecht den zweiten Entwurf des Netzentwicklungsplans (NEP und O-NEP) 2013 bei der Bundesnetzagentur abgegeben. Eingearbeitet wurde das Feedback, das in öffentlicher Konsultation zum ersten Entwurf abgegeben worden war. Gemäß überarbeitetem Plan soll die Erzeugungsleistung von Offshore-Anlagen um 1,1 GW, die von Onshore-Anlagen in Norddeutschland um 1,8 GW erhöht werden und die ungewollten Stromflüsse über Polen, Tschechien und Österreich um zwei GW sinken. Dies hat entsprechende Konsequenzen für die Nord-Süd-Stromübertragung; sie steigt um fünf GW an. Das beeinflusst den Ausbau und Neubau der geplanten Trassen. Die Kosten für den Netzausbau belaufen sich auf etwa 22 Milliarden Euro, die innerhalb von zehn Jahren aufzubringen wären. Das Gesetz zur Beschleunigung des Netzausbaus ist im Juli in Kraft getreten. Damit ist der Bundesbedarfsplan für den Stromnetzausbau, der aus dem Netzentwicklungsplan hervorgegangen ist, rechtsgültig. Das Gesetz definiert 36 überregionale Leitungsprojekte als wichtig für die Sicherung der deutschen Strominfrastruktur. (9), (10)

Energiespeicher: Nötig, aber welche?

Wenn der Ausbau der erneuerbaren Energien fortschreitet, werden Speichertechnologien gebraucht, um überschüssige Energie zu speichern. Diese kann abgerufen werden, um Regelleistung zu erzeugen, Netze zu stabilisieren und Lastspitzen auszugleichen oder schlicht, um eine kleine Energiereserve im Keller seines Hauses oder Unternehmens zu haben. State-of-the-art sind Pumpspeicherkraftwerke und konventionelle Batterien. Doch eine Vielzahl von anderen Speichertechnologien wird erforscht, entwickelt, getestet. Im Rennen sind beispielsweise die Batterietechnik wie die Lithium-Ionen-Technologie oder Redox-Flow-Batterien, großtechnische Speicher wie Druckluftspeicher, die Power-to-gas-Technologie, Elektrolyseanlagen, Brennstoffzellen, Schwungradspeicher, adiabatische Druckluftspeicher und anderes. Noch ist offen, welche Speichertechnologie wofür geeignet ist, was sich technisch durchsetzen kann, was ökonomisch tragbar und wettbewerbsfähig ist. Es wird noch eine Weile dauern - Experten schätzen, dass erst nach 2020 kosteneffiziente Großspeicher für überschüssigen Ökostrom zur Verfügung stehen werden. (11), (5)

Unternehmen

Namhafte global tätige Konzerne im Geschäft mit der

Energietechnik sind GE, Siemens, ABB, Alstom, Mitsubishi, Toshiba.

Bei **Siemens** sind die Zeiten turbulent. Vorstandswechsel, Sparprogramm, und in der Energiesparte, dem umsatzstärksten Geschäftsbereich, läuft es nicht rund: dümpelnder Kraftwerksneubau in Europa, Gaskraftwerke vornehmlich in den USA und Asien gefragt, abgebrochene Windradflügel in Kalifornien, fehlende Stromanbindungen und hohe Abschreibungen im Offshore-Geschäft, Gewinneinbruch bei Windkraft an Land, das Solarthermiegeschäft gefloppt - unterm Strich stimmt der Gewinn nicht, 1 700 Stellen soll das kosten. Löscher weg, Kaeser solls richten. (12)Die amerikanische **General Electric** ist Siemens schärfster Wettbewerber, stellt vieles von dem her, was auch Siemens im Portfolio hat, also u.a. Kraftwerksturbinen, Windräder, medizinische Großgeräte. In Berlin will GE zehn Millionen Euro investieren und ein neues Trainingszentrum aufbauen. Bis 2015 sollen 120 neue Arbeitsplätze entstehen. Insgesamt arbeiten in Deutschland rund 7 500 Menschen für General Electric, davon in Berlin rund 1 000. GE wurde 2013 erstmals weltweit führender Windturbinenhersteller und verwies die dänische Vestas auf den zweiten Platz. Immerhin verbesserte sich Siemens auf Rang drei (Vorjahr: Rang 9). Auf Rang 4 liegt die ostfriesische Enercon. Nordex verfehlte mit Rang 11 knapp die Top Ten. (13), (14)

ABB

hat ähnlich wie Siemens in seiner Energietechniksparte Ertragsprobleme und kündigte zum vergangenen Jahreswechsel Änderungen, Einschnitte und Entlassungen an. (15)

Trends

Die Internationale Energieagentur schätzt, dass weltweit jedes Jahr Investitionen von rund einer Billion Euro im Energiebereich nötig sind, um den steigenden Strombedarf zu decken und effizienter zu werden. (12)
Spezialisten, die sich mit der Energietechnik auskennen, sind gefragt, beispielsweise Ingenieure, die aus der fossilen Energieerzeugung in die regenerative umsteigen, Ingenieure der regenerativen Energietechnik, Maschinenbauer mit Schwerpunkt Energietechnik, Energieelektroniker. In der Branche werden neue Arbeitsplätze entstehen bei Herstellern, Energieversorgern, im Maschinen- und im Anlagenbau, in der Logistik, in der Betriebsführung, Wartung, Schulung.

Fallbeispiele

Der Energieversorger **RWE** produzierte 2012 erstmals mehr Strom aus regenerativen Energiequellen als in Kernkraftwerken. (1)

Siemens hat weltweit bislang rund 1 100 Windturbinen mit einer Gesamtleistung von 3,4 GW auf See installiert. Für den Offshore-Windpark London Array in Großbritannien hat Siemens alle 175 Windturbinen und die Netzanbindung geliefert und will auch den Service für das Windkraftwerk übernehmen. Im Nordsee Offshore-Windpark Riffgat entstehen 30 Siemens-Windkraftanlagen der 3,6 Megawatt-Klasse. (16)

Roth & Rau, deutscher Solartechnikanbieter, Tochter der Schweizer Meyer Burger Gruppe, bietet seiner internationalen Kunden innovative Solarzellentechnologien wie die Rückseitenpassivierung und die Heterojunction-Solarzellen. (17)

Wissenschaftler forschen an **organischen Solarzellen**, die mittels lichtaktiver Kohlenstoffe, so genannter Kohlenstoff-Nanoröhren, Sonnenstrahlung in Elektrizität umwandeln. Sie sollen die heute gängige Silizium-Technologie ablösen. (18)

Der US-amerikanische Technologiekonzern **3M** hat

das Geschäftsfeld Smart Grids neu geschaffen. Neben dem Bereich der Stromnetze hat 3M Technologien im Bereich Energieerzeugung und Energieeffizienz im Angebot, so zum Beispiel zur Beschichtung von Windblättern oder Solarmodulen. (19)

Die **Deutsche Telekom und Ventyx**, ein Unternehmen der ABB-Gruppe, starten den Vertrieb ihrer Software-Produkte aus der Cloud für virtuelle Kraftwerke. Sie sollen Energieversorgern neue Geschäftsmodelle ermöglichen, indem sie auch kleinere Erzeugungseinheiten und schaltbare Lasten flexibel im Energiemarkt bewirtschaften können. (20)

Zahlen & Fakten

Abbildung 1: Deutsche Energietechnik mit Umsatzeinbuße

Energietechnik	Umsatz	Ausfuhren	Beschäftigte
2012	13,1	14,0	63.184
2011	13,7	13,5	63.445
Veränderung in %	-4,1	3,6	

Umsatz und Ausfuhren in Milliarden Euro

Quelle: ZVEI Entnommen aus: ZVEI Elektroindustrie in Zahlen 2013 (3)

Weiterführende Literatur

(1) Eine sichere Bank für Ingenieure
aus VDI NR. 23 VOM 07.06.2013 SEITE 17

(2) Energietechnik/Umwelttechnik Alles schaut auf Deutschlands Energiewende
aus MM Nr. 733 vom 10.04.2013

(3) Elektroindustrie in Zahlen 2013
aus MM Nr. 733 vom 10.04.2013

(4) Schnelle Einsatzreserve aus dem Nachrüstbausatz
aus VDI NR. 04 VOM 25.01.2013 SEITE 11

(5) Energiewende setzt Unternehmen unter Spannung
aus MM Nr. 012 vom 18.03.2013

(6) Netzausbau verzögert sich
aus energate vom 11.07.2013

(7) Riffgat wohl erst 2014 am Netz
aus energate vom 04.08.2013

(8) Vertrag über erste HGÜ-Verbindungen
aus neue energie, Heft 6/2013, S. 25

(9) ÜNB reichen Netzentwicklungsplan 2013 ein
aus www.powernews.org Meldung vom 17.07.2013 - 15:57

(10) Netzausbaugesetze in Kraft getreten
aus energate vom 26.07.2013

(11) Speicher für Ökostrom Energiewende macht rentable Speicher zwingend erforderlich Kurzinterview mit Dr. Imre Gyuk, Leiter des Programms Energiespeicherforschung im US-amerikanischen Energieministerium
aus www.maschinenmarkt.de vom 04.06.2013

(12) Siemens fehlt es an Energie
aus Zeit online vom 31.07.2013, Nr. 31

(13) General Electric investiert noch mehr in Berlin
aus Berliner Morgenpost, 06.07.2013, Nr. 180, S. 6

(14) GE weltweit führender Windturbinenhersteller
aus www.powernews.org Meldung vom 09.04.2013 - 13:59

(15) ABB nimmt sich Beispiel an Siemens
aus manager-magazin.de vom 14.12.2012

(16) Windenergie Weltgrößter Offshore-Windpark eingeweiht
aus www.elektrotechnik.de vom 08.07.2013

(17) Schutzzölle bringen Industrie nicht voran
aus VDI NR. 26 VOM 28.06.2013 SEITE 9

(18) Die neue Kohlekraft
aus neue energie, Heft 7/2013, S. 56

(19) "Die Frage ist, was der effizienteste Ansatz ist, um das Stromnetz intelligent zu machen"
aus VDI NR. 29-30 VOM 19.07.2013 SEITE 17

(20) ABB und Telekom starten Vertrieb für virtuelle Kraftwerke
aus energate vom 25.06.2013

Impressum

Energietechnik - Trotz Pannen gibt es viel zu verdienen

Bibliografische Information der deutschen Nationalbibliothek

Die Deutsche Nationalbibliothek verzeichnet diese Publikation in der deutschen Nationalbibliografie; detaillierte bibliografische Daten sind im Internet über http://dnb.d-nb.de abrufbar.

ISBN: 978-3-7379-2872-4

© 2015 GBI-Genios Deutsche Wirtschaftsdatenbank GmbH, Freischützstraße 96, 81927 München, www.genios.de

Alle Rechte vorbehalten. Dieses Werk ist einschließlich aller seiner Teile – z.B. Texte, Tabellen und Grafiken - urheberrechtlich geschützt. Jede Verwertung außerhalb der Grenzen des Urheberrechtsgesetzes bedarf der vorherigen Zustimmung des Verlags. Dies gilt insbesondere auch für auszugsweise Nachdrucke, fotomechanische Vervielfältigungen (Fotokopie/Mikroskopie), Übersetzungen, Auswertungen durch Datenbanken oder ähnliche Einrichtungen und die Einspeicherung und Verarbeitung in elektronischen Systemen.